# LE MBA

Les enjeux d'un MBA et le retour
sur investissement possible

Par Lawrence Lyne

50MINUTES.fr

# LE MBA

- **Problématique ?** Le MBA peut-il se révéler avantageux pour l'avenir professionnel d'un travailleur ou au contraire est-ce une perte de temps ?
- **Utilité ?** Appréhender le MBA dans sa globalité permet d'en comprendre les enjeux et les bénéfices éventuels ; une base essentielle avant de se lancer.
- **Contexte professionnel ?** Formation, gestion d'entreprise, évolution professionnelle, etc.
- **FAQ ?**
  - La formation s'adresse-t-elle à tout le monde (âge, orientation, expérience) ?
  - Le MBA me sera-t-il réellement utile dans ma carrière ?
  - Le MBA est-il un diplôme reconnu au niveau international ?
  - À quelle période de ma vie professionnelle est-il pertinent de réaliser un MBA ?
  - Quel MBA choisir en fonction de mon objectif de carrière ?
  - Comment préparer mon admission ?

- Comment puis-je financer ma formation ?
- À quel salaire puis-je prétendre après un MBA ?

Le MBA ou Master of Business Administration (« Maîtrise en Administration des Affaires » en français) connaît ces derniers temps un succès considérable à l'échelle mondiale, bien qu'il soit répandu depuis de nombreuses années aux États-Unis.

En France, l'offre de MBA a tout simplement explosé. Selon l'étude Precepta intitulée « Le marché des MBA. Le défi de la différenciation et de l'innovation dans un marché globalisé », 277 programmes sont proposés en 2014 contre 196 en 2008, soit une progression de 43 % en six ans. Globalement, le nombre d'individus ayant pris part au MBA a plus que doublé en cinq ans, passant d'environ 100 000 candidats en 2007 à 270 000 en 2012 d'après une étude publiée par l'AACSB (Association to Advance Collegiate Schools of Business). Selon l'article « Le marché des MBA ne faiblit pas », paru dans *Le Monde*, on recense actuellement entre 300 000 et 500 000 diplômés par an, et cette tendance ne ferait que s'accentuer.

Comment expliquer un tel engouement pour cette formation ? Apporte-t-elle de réels atouts à ses diplômés par rapport à ceux qui n'en bénéficient pas ou qui ont pris une autre voie ? Un investissement de 400 à plus de 100 000 euros par an, selon le type de cursus choisi, est-il justifié ?

En 50 minutes, cet article vous éclairera sur la question, en présentant un état des lieux synthétique des possibilités qu'offre cette formation, ses avantages et ses inconvénients ; un questionnement utile pour qui désire entreprendre un MBA, quelle qu'en soit la raison.

# B.A.-BA DE L'EXPERT DU MBA

## QU'EST-CE QUE LE MBA ?

### Origine

Initialement appelé Master's Degree in Business Administration, ce diplôme voit le jour dans les grandes écoles américaines au début du XXe siècle. C'est d'ailleurs à la célèbre université Harvard qu'est créé, en 1908, le tout premier MBA.

Le MBA correspond au « diplôme international d'études supérieures du plus haut niveau dans le domaine de la conduite globale des affaires en entreprise : stratégie, marketing, finances, ressources humaines et management » (« MBA (Management Business Administration) Institute », in *Management Savoir*, 15 novembre 2011). Si une approche globale de la gestion d'entreprise est privilégiée, plusieurs MBA spécialisés sont aussi proposés. Ce diplôme se distingue de son homologue français, le « Master en Administration des Affaires », l'appellation n'étant pas déposée.

L'intitulé « MBA » est aujourd'hui reconnu de façon quasi universelle, suite à l'influence du modèle éducatif américain et à la reconnaissance internationale dont ce dernier bénéficie auprès des grandes entreprises. En effet, à partir des années cinquante, le MBA se répand au-delà des universités étasuniennes. En France, dès 1956, Gaston Berger (philosophe et haut fonctionnaire français, 1896-1960) met en place le Certificat d'Aptitude à l'Administration des Entreprises (CAAE), un diplôme équivalent au MBA. Celui-ci se veut généraliste et a pour ambition de former des cadres ingénieurs au monde des affaires (ou au management). Il fonde l'Institut d'Administration des Entreprises de Paris (IAE Paris), classé 29e en Europe dans le QS Top 200 Business Schools 2014. Un an plus tard, l'INSEAD (Institut Européen d'Administration des Affaires) ouvre ses portes à Fontainebleau. Il est classé 1er MBA international en 2015, pour le cursus en un an, par le magazine économique américain Forbes.

Depuis, les établissements proposant un MBA fleurissent aux quatre coins du monde. Citons la London Business School (Royaume-Uni), HEC Paris (France), la SAD Bocconi (Italie), CEIBS (Chine) et l'IESE Business School (Espagne) pour n'en reprendre que quelques-uns. Selon le *QS Global 200 Business Schools Report 2014-2015*, il existe aujourd'hui plus de 3 000 MBA différents, répartis dans plus de 15 000 institutions à travers pas moins de 125 pays. Cependant, seul un pourcentage de ces derniers est accrédité par l'AACSB. Face à une telle diversité de programmes se pose inévitablement la question de l'évaluation qualitative de ceux-ci.

### LE SAVIEZ-VOUS ?

Si le tout premier MBA apparaît début du XX<sup>e</sup> siècle aux États-Unis et milieu du XX<sup>e</sup> siècle en Europe, il faut toutefois attendre les années quatre-vingt-dix pour que celui-ci se développe véritablement sur le Vieux Continent.

## Types de MBA

Il existe aujourd'hui une multitude de MBA. Ceux-ci se différencient le plus souvent en fonction du cursus choisi (période d'enseignement, régime de cours, modules divers, formation à distance ou non, etc.), du degré de spécialisation et de l'expérience des participants. Néanmoins, quatre grands types de formation se dégagent :

- le *MBA full-time* (temps plein). Il s'agit du programme le plus courant. Il s'adresse aux jeunes cadres peu expérimentés (environ 3 à 5 ans d'expérience) et combine cours théoriques et pratiques. Généralement, le MBA représente entre 60 et 120 crédits, ce qui correspond à une charge de travail se situant entre 1 500 et 3 000 heures au total. S'il se dispense le plus souvent en deux ans aux États-Unis, en Europe il s'étale généralement sur une période de 10 à 24 mois ;
- le MBA *part-time*. Dans ce modèle, les cours se déroulent le soir ou le week-end, ce qui permet ainsi de maintenir une activité professionnelle durant la formation. Il se répartit sur 18 mois en moyenne ;

- l'*Executive* MBA est imaginé par l'université de Chicago en 1943. Il s'adressait, à l'origine, aux seniors détenant au minimum huit années d'expérience (en Europe, les participants aux programmes les plus prestigieux ont en moyenne 15 années d'expérience). Organisé par modules sur une période de un à deux ans, il permet des échanges internationaux avec d'autres écoles et parfois même l'obtention d'un double diplôme. Ce dernier prépare à une position de haut directeur ou à un poste de management (c'est-à-dire de direction) à l'étranger. La plupart du temps, c'est l'entreprise qui propose cette formation à l'employé en vue d'une promotion. L'EMBA séduit ainsi de plus en plus de professionnels ;
- le MBA spécialisé est plus récent. Il cible des domaines d'activités précis comme la finance, les affaires internationales, les ressources humaines ou encore le marketing. Ce programme est à privilégier si le secteur est déjà bien connu.

Le MBA traditionnel, issu des universités américaines, s'étendait sur deux ans en régime à temps plein. La seconde année était spécialisante et incluait un stage. Par la suite, en Europe en particulier, la formation évolue vers un cursus en un an, parfois à temps partiel et, de plus en plus, par correspondance ou en ligne.



Le système européen de transfert et d'accumulation de crédits ou ECTS (*European Credits Transfer System* en anglais) est un système de points mis en place par l'Union européenne afin de simplifier la lecture et la comparaison des programmes d'études des différents pays, et ainsi de faciliter le transfert de points et donc l'échange d'étudiants d'un établissement à un autre. À cette fin, le crédit est une unité permettant d'attribuer une valeur numérique aux études et à la charge de travail exigée d'un étudiant. Une année académique correspond à 60 crédits ECTS, soit l'équivalent de 1 500 à 1 800 heures d'études (comprenant le travail personnel). Un crédit représente donc entre 25 et 30 heures de travail. Les crédits seront accordés à l'étudiant uniquement s'il réussit ses examens.

## Public cible

Professionnalisante et très sélective tant financièrement qu'académiquement, la formation s'adresse prioritairement à des cadres expérimentés souhaitant donner un nouvel élan à leur carrière ou la réorienter. La méthode d'enseignement est participative et pratique. Elle se base sur des études de cas ou problématiques de terrain que les élèves doivent résoudre en groupe en s'appuyant sur leur expérience professionnelle et sur leurs acquis théoriques.

La sélection s'effectue sur base d'un dossier d'admission évaluant :

- la motivation ;
- l'expérience professionnelle ;
- la maîtrise de l'anglais (par des tests comme le TOEIC ou le TOEFL) ;
- les résultats académiques ;
- les lettres de recommandation.

Les aspirants doivent, de plus, obtenir un score élevé (de 600 à plus de 700 sur 800 au GMAT pour les MBA les plus cotés selon un article de The Economist) à un test de connaissance générale de type GMAT (*Graduate Management Admission Test*), GRE (*Graduate Record Examination*) ou TAGE-MAGE (Test d'Aptitude aux Études de Gestion) afin de compléter leur dossier. Si le dossier est retenu, le candidat passera un entretien devant un jury qui se prononcera finalement sur sa recevabilité.

Les candidats les plus brillants disposent de plus grandes chances d'intégrer les meilleurs programmes (ou écoles), souvent très onéreux, et de recevoir une bourse – s'ils ne sont pas déjà parrainés par leur propre employeur. En effet, certaines entreprises telles que les cabinets de conseil en stratégie les plus prestigieux (McKinsey & Company, Boston Consulting Group ou Bain & Company) et les grandes institutions financières (Goldman Sachs, JPMorgan ou Euroclear), ainsi qu'un grand nombre d'enseignes internationales, aident leurs employés ou les jeunes potentiels à financer leur MBA.

## Bon à savoir

Le GMAT est un test de connaissances générales standardisé et en langue anglaise, reconnu pour évaluer les compétences jugées importantes dans le cadre d'un cursus international en gestion (MBA). Depuis 2009, le GRE est aussi utilisé aux USA. Le TAGE-MAGE est un test français comparable aux deux précédents.

## Évaluation des programmes

La qualité d'un MBA se mesure en général d'une part en fonction de son accréditation auprès d'institutions internationales telles que l'AACSB (Association to Advance Collegiate Schools of Business), l'ACBSP (Accreditation Council for Business Schools and Programs), l'EQUIS (European Quality Improvement System) et l'IACBE (International Assembly for Collegiate Business Education) entre autres et, d'autre part, selon sa position dans certaines classifications célèbres.

Ainsi, les classements internationaux de journaux ou magazines réputés en la matière, tels que *The Financial Times, Business Week ou US News*, constituent une source d'information courante pour comparer les nombreuses universités, les écoles d'administration ou de commerce et leurs divers programmes de MBA. Selon le type de MBA choisi (et l'objectif recherché), ces *rankings* (classements) offrent un aperçu de la valeur de ceux-ci en fonction notamment de leur représentation internationale, des opportunités de carrière offertes et de leur rentabilité financière, c'est-à-dire le temps nécessaire pour que l'investissement entrepris dans cette formation soit rentabilisé.

## BON À SAVOIR

Concernant les Business Schools, deux classements sont particulièrement célèbres, pour l'objectivité de leur méthodologie notamment : il s'agit du Shanghai Ranking et du Vault Ranking. Ces derniers reposent sur des critères liés soit à la performance scientifique (nombre de publications, de prix Nobel, etc.), soit à la réputation extérieure (satisfaction des employeurs, valorisation salariale des diplômés, par exemple) des universités. Ces classements sont souvent critiqués puisque, suivant les indicateurs méthodologiques sélectionnés, des institutions de plus grande taille peuvent bénéficier d'un avantage considérable par rapport à de plus petites écoles. Or la qualité d'un programme ne dépend pas – du moins pas directement – de la taille de l'institution qui la dispense.

Finalement, le MBA le plus approprié dépend non seulement de critères objectifs tels que la réputation du cursus dans le monde de l'entreprise, mais également de critères subjectifs comme le but recherché par le candidat. Ces éléments sont plus difficiles à appréhender dans le cadre d'un classement. Il importe donc d'examiner ces informations au regard d'autres indicateurs tels que votre stratégie de carrière ou le coût d'opportunité que cela représente pour vous.

### Le saviez-vous ?

Le coût d'opportunité mesure la perte des biens auxquels nous renonçons lorsque nous affectons nos ressources disponibles à un usage en particulier. Concrètement, la perte (temporelle, financière) résultant de ce choix d'investissement (ici l'engagement dans un programme de MBA) se justifie-t-elle par rapport à d'éventuelles opportunités manquées (investissement dans un autre projet, transfert profession-nel à l'étranger, etc.) ? Évaluez ce coût avant de vous lancer dans cette aventure.

## LES POINTS FORTS DU MBA

### Une dimension internationale

La formation mise sur la mixité culturelle et dispense plus de la moitié des cours en anglais. Il s'agit d'une opportunité unique de côtoyer d'autres cadres du monde entier et d'expérimenter un travail en équipe dans un cadre multiculturel. Cette mixité permet un échange des méthodes de travail et le développement de capacités d'adaptation et de communication essentielles à toute évolution au sein d'une multinationale. Les semestres à l'étranger font, en outre, souvent partie du cursus. Selon l'enquête réalisée par le *QS Top MBA*, les MBA européens, tel celui proposé par l'INSEAD en France, accueilleraient pas moins de 70 % d'étrangers en moyenne, contre 30 % dans les grandes Business Schools américaines et seulement 20 % dans celles d'Afrique et du Moyen-Orient (Lavelle (Louis) et Kahn (Daniel), « QS Global 200 Business School Report 2014-2015 », in *QS Top MBA*).

Dans son interview pour *Le Figaro*, Christophe Dulhoste (associé principal chez Hays Executive) explique que « le MBA apporte une réelle expertise pour travailler à l'international ». En effet, tant grâce à la méthode d'enseignement que par la maîtrise de l'anglais, l'évolution dans un cadre multiculturel et l'expérience de travail à l'étranger, le MBA reste très prisé des entreprises internationales et conserve un certain prestige. Les recruteurs sont friands de profils internationaux ; il s'agit donc d'un avantage incontestable pour celles et ceux qui souhaitent entreprendre une carrière à l'étranger.

## Un réseau de professionnels de qualité

Un autre atout du MBA est le réseau d'experts qu'il permet de tisser. Le *networking* ou « réseautage » est un paramètre clé de réussite, rappelle Joseph Sadi (directeur académique du MBA de la Solvay Brussels School) dans une interview parue dans la revue des Alumni en 2013. En effet, outre la formation solide qu'apportent ces programmes, ils servent également à créer des contacts professionnels utiles pour la carrière du candidat. Ces rencontres permettent d'obtenir de précieux conseils et des informations concernant l'une ou l'autre firme. Il n'est pas rare que des Alumni soient ainsi repérés par des professionnels pour se voir offrir de nouvelles opportunités de carrière. C'est dès lors aussi par le biais des associations d'anciens élèves que diplômés et employeurs entrent en contact. La chance d'être invité à un entretien ou d'être averti d'un poste clé (non visible sur les sites spécialisés) est largement accélérée par ces mises en relation.

## Une formation professionnalisante : par, pour et avec des spécialistes du terrain

Le MBA s'adresse à des professionnels. La méthode d'enseignement se base sur des études de cas, c'est-à-dire sur des situations problématiques vécues en entreprise, que l'étudiant est amené à résoudre seul ou, le plus souvent, en sous-groupe. De plus, certains programmes proposent un stage pouvant aboutir à un contrat. L'aspirant peut ainsi rencontrer, discuter et échanger avec d'autres professionnels, des professeurs et des experts de l'industrie.

« Sur recommandation d'un cabinet de conseil, j'ai entrepris un MBA peu après l'acquisition d'un Master en ingénieur de gestion obtenu à la Solvay Brussels School. L'INSEAD m'a donné les outils me permettant d'être directement opérationnelle en entreprise. J'ai été engagée chez McKinsey peu après ma graduation. Cette expérience a été un fabuleux tremplin pour ma carrière », explique Isabelle Langlois-Loris (consultante chez Egon Zehner International), lors de la 2e conférence organisée par le réseau Solvay School Alumni Women Network, le 17 juin 2015, à Bruxelles.

## Une grande variété de programmes : une formation « sur mesure »

MBA *full-time*, *part-time*, *Executive*, spécialisé ne sont que quelques catégories types parmi l'extrême diversité de MBA disponibles. Durée variable, supports divers (en ligne ou non), spécialités nombreuses, ces programmes apportent une flexibilité considérable, constituant un avantage pour ceux qui désirent allier vie privée, activité professionnelle et formation.

« J'étais déjà mère de famille quand mon entreprise m'a convaincue d'entreprendre un MBA afin d'évoluer verticalement. J'ai donc cherché la formule qui me conviendrait le mieux. J'ai effectué un MBA sous forme de modules et par correspondance via l'Open University. Cela m'a permis de jumeler vie privée et vie professionnelle, bien que l'investissement reste conséquent. Le support moral et pratique de mon mari m'a d'ailleurs été indispensable. Quelques mois plus tard, j'ai obtenu un poste à Hong-Kong », raconte Cindy (Account Manager chez Euroclear, à New York).

## LES FAIBLESSES DU MBA

### Une grande variété de programmes : une évaluation difficile

Nous l'avons vu, il existerait plus de 3 000 programmes dans le monde, répartis dans pas moins de 125 pays et dans 15 000 institutions ; et l'offre ne fait qu'augmenter. Une telle diversité complique la comparaison des MBA et rend leur évaluation difficile. Si certains sont globalement reconnus, d'autres ne bénéficient pas de cette reconnaissance. Une telle variété de formations implique une variation plus ou moins forte de la qualité du diplôme en fonction du MBA sélectionné. Or les recruteurs sont très attentifs à cet aspect.

> « J'ai terminé un MBA part-time à Rotterdam en septembre 2014. Je disposais déjà d'un beau parcours à 29 ans avec, notamment, une expérience en gestion de changement dans une multinationale en Chine et le mandarin comme 3e langue à mon actif. Je pense que la popularité du programme sélectionné est importante. Dans mon cas, mon entreprise n'a pas pu financer mon MBA. Le fait que ce dernier soit moins visible semble jouer en ma défaveur, je suis toujours en recherche d'emploi », explique Mana (ingénieure de gestion rencontrée au Top Women Summit, organisé par Careers International, le 20 novembre 2015, à Bruxelles).
>
> « J'ai terminé un MBA à HEC Paris au mois de septembre 2014. J'ai obtenu une offre chez BCG (Boston Consulting Group) quelques mois plus tard. Mon profil, ingénieur civil titulaire d'un MBA, est aussi très recherché par les cabinets de conseil et les grandes institutions financières actuellement. Je pense que c'est à la fois la renommée de mon MBA ainsi que mon profil d'ingénieur civil qui m'ont permis de me positionner très favorablement en vue d'obtenir une offre dans l'une des quatre meilleures en-

treprises mondiales », affirme Julien (ingénieur civil rencontré le 30 mars 2015, lors du Solvay Entrepreneurship Day au Campus du Solbosch, à Bruxelles).

Il importe donc de s'informer au mieux en consultant des classements célèbres tels que celui du *Financial Times* ou du *QS World University Ranking* par exemple, ou encore en interrogeant des professionnels.

### Quelques points de repère

- La moyenne d'âge des candidats au niveau mondial est de 28 ans.
- Les programmes de courte durée (de 10 à 18 mois environ) sont en nette progression. Celle-ci s'explique en grande partie par un moindre un coût d'opportunité. Aux États-Unis, le format en deux ans reste le plus populaire.
- La réputation du cursus est le premier critère de choix d'un MBA aux États-Unis et en Europe occidentale.
- Le MBA « général » est le programme le plus prisé dans le monde.
- Les destinations les plus convoitées par

les candidats européens sont l'Angleterre (qui facilite les conditions d'obtention des bourses et des visas) puis les États-Unis.
- Les opportunités de carrière, le salaire attendu et la reconnaissance internationale du diplôme sont les motivations majeures des étudiants à l'échelle globale.

## Un investissement financier important

Le coût d'un MBA se situe entre 400 et plus de 100 000 euros par an. Les programmes les plus réputés sont aussi souvent les plus onéreux. À titre indicatif, les frais d'inscription à la Wharton School of Philadelphia, classée 3e au Top Global MBA Ranking 2015 par *The Financial Times*, s'élèvent à 126 000 euros par an. De plus, si certaines firmes financent la formation de leurs employés, ce n'est pas le cas de la majorité des entreprises. Quant aux bourses, elles ne sont accessibles qu'à un faible pourcentage d'élites, c'est-à-dire ceux dont les dossiers d'admission sont classés en tête de liste (scores les plus élevés au GMAT, meilleurs résultats académiques, parcours professionnels particuliers). Par ailleurs, il existe dans certains pays un système de « congé éducation » (le terme varie d'un territoire à un autre) donnant droit à des congés de formation payés. Mais, de nouveau, les conditions d'accès sont réduites et l'employeur n'est pas toujours disposé à les valider. Jusqu'à ce jour, aucune étude ne permet de démontrer jusqu'à quel point l'investissement réalisé sera rentabilisé par la suite (promotions, opportunités profession-nelles, etc.) tant les formations et les profils des aspirants varient. L'investissement financier d'un MBA représente dès lors une limite importante pour de nombreux candidats.

## LE MBA EN CHIFFRES

Selon l'étude Precepta sur le marché des MBA, le prix moyen d'un MBA en France est de 17 500 euros. Le tableau suivant propose un aperçu du coût que représentent en moyenne les différents types de MBA. La formation initiale peut être assimilée au MBA à temps plein et la formation continue à celle du MBA à temps partiel.

## Coût moyen des différents types de MBA

| Catégorie MBA | Prix minimum | Prix maximum | Prix moyen |
| --- | --- | --- | --- |
| MBA en formation initiale | 400 | 23 950 | 10 734 |
| MBA en formation continue | 4 000 | 100 000 | 25 716 |
| Executive MBA | 7 800 | 100 000 | 35 999 |



## Un coût d'opportunité à évaluer

Comme nous l'avons vu, le MBA représente entre 60 et 120 crédits, ce qui correspond à un volume de travail se situant entre 1 500 et 3 000 heures au total. La formation requiert en effet un certain nombre d'heures de participation aux cours, auxquelles s'ajoute le temps consacré aux travaux pratiques (thèse incluse) et à l'étude des cours. Certains étudiants sortant d'un MBA auprès d'institutions prestigieuses telles que l'université de Harvard confient avoir consacré plus de 15 heures d'études quotidiennes à la réussite de leur MBA *full-time*, peut-on lire dans l'article « 12 questions à se poser avant de faire le saut » publié sur le site *Les Affaires*. En effet, selon Jacques Roy (professeur à HEC Montréal), le candidat doit être prêt à supporter une charge de travail personnel comprise entre 50 et 80 heures par semaine en moyenne. Il convient dès lors de vérifier si ce temps ne pourrait être mieux rentabilisé en vous investissant dans une autre activité. Quel que soit le choix réalisé, il est nécessaire de considérer le coût d'opportunité.

> « J'ai choisi de ne pas me lancer dans un MBA quand j'ai reçu une réponse positive pour travailler à l'Union européenne en 2008, affirme Karolis (fonctionnaire à la Commission européenne). Aujourd'hui, je ne regrette pas mon choix. J'ai saisi cette opportunité qui me permet de rester en Belgique, auprès de ma famille. Je pense avoir ainsi gagné en qualité de vie comparé au secteur du conseil, celui que je convoitais à l'époque. Si mon salaire est sensiblement inférieur à celui d'un consultant, au taux horaire, je suis certainement gagnant », ajoute-t-il.

# CONCLUSION

De célèbres entrepreneurs tels que Bill Gates (cofondateur de Microsoft, né en 1955), Larry Ellison (homme d'affaires américain, cofondateur d'Oracle Corporation, né en 1944) ou Steve Jobs (cofondateur d'Apple, né en 1955) ont atteint les sommets du monde des affaires sans pour autant posséder un MBA.

On ne peut toutefois nier que ces formations gagnent en popularité actuellement et permettent, si l'on en croit les quelques témoignages récoltés, de développer de solides outils analytiques, un réseau d'experts à l'échelle internationale ainsi qu'une reconnaissance professionnelle qui sera, le plus souvent, à la hauteur de l'investissement du candidat, de ses objectifs et de son expérience.

Le MBA se révèle particulièrement utile si le but recherché est de faire carrière dans les grandes entreprises internationales, les banques d'affaires ou les sociétés de consultance. Toutefois, il n'est pas nécessairement requis si l'objectif est de créer ou de reprendre une société dans son pays d'origine.

Ainsi, afin de déterminer si un MBA sera rentable ou non, vous devrez procéder à une évaluation honnête de vos attentes et des objectifs fixés afin de décider de la formation la plus appropriée ou, au contraire, de préférer y renoncer.

## L'AVIS DE L'EMPLOYEUR

Dans un article paru dans *Studyrama*, Franck Boissin (directeur des activités santé chez Hudson), souligne l'impact de la crise économique sur la valeur attribuée au MBA : « En 2000, je proposais des postes de Business Développeur à deux millions de francs de salaire annuel, soit 300 000 €, à des candidats qui n'avaient aucune expérience professionnelle, mais qui affichaient sur leur CV une formation prestigieuse et un MBA. Aujourd'hui, pour le même poste, le salaire proposé ne sera "que" de 130 000 €, et je ne vais pas regarder une seule seconde les diplômes des candidats. Je vais leur demander de venir à l'entretien avec une feuille qui résume tous les deals qu'ils ont signés et pendant tout l'entretien, on ne va parler que de cela. Autrement dit, le diplôme ne suffit plus. Ce que l'on cherche

désormais, ce sont des candidats expérimentés dotés de fortes personnalités. »

# TOP CONSEILS

- **Clarifiez vos objectifs.** Pourquoi souhaitez-vous vous engager dans un MBA ? Désirez-vous donner un nouvel élan à votre carrière, obtenir une promotion, vous réorienter ? Le MBA doit faire partie d'un véritable projet professionnel. Prenez donc le temps de clarifier vos attentes et vos objectifs.
- **Interrogez les associations d'anciens élèves.** Ces derniers pourront vous guider en ce qui concerne les sources de financement ou la préparation du dossier d'admission, mais également vous donner un avis plus personnel sur leur expérience du MBA, la valorisation de ce dernier sur le marché de l'emploi ou l'investissement qu'il représente. En outre, ils constituent des sources directes de mise en contact avec les écoles de commerce. Les journées de recrutement organisées par chaque institution, par des organismes tels que le World MBA Tour ou par votre université sont autant de lieux vous permettant de les rencontrer.

- **Demandez conseil aux entreprises.** Chaque industrie et chaque société a ses préférences. Il serait dommage de vous lancer dans une formation qui n'est pas valorisée par votre entreprise ou par celle que vous convoitez. Renseignez-vous auprès des ressources humaines de votre firme ou auprès d'autres sociétés lors de journées de recrutement organisées sur votre campus ou dans votre région.

- **Comparez les différents programmes.** Les classements internationaux sont de bons outils pour vous forger une idée globale des établissements les plus reconnus. Néanmoins, ces informations sont à mettre en adéquation avec le programme qui vous correspond le mieux : horaire de jour ou décalé, à l'étranger ou dans votre pays, par correspondance ou non. Soyez certains que le MBA réponde à vos attentes. Inutile de vous lancer dans un MBA général si vous désirez approfondir vos connaissances dans un secteur d'activité bien précis. Dans ce cas, un MBA spécialisé vous sera plus utile. Par ailleurs, tenez compte des exigences d'admission (coût de la formation, dossier académique, etc.).

- **Déterminez vos sources de financement.** Si vous travaillez, votre employeur sera peut-être prêt à soutenir votre projet de formation. Il existe par ailleurs d'autres moyens de financement : congés éducation, bourses d'études, etc. Vérifiez si vous répondez aux conditions d'obtention d'une aide financière auprès de l'administration publique de votre pays et de l'établissement de votre choix.

- **Préparez minutieusement votre dossier d'admission.** Cette étape est sans doute la plus délicate étant donné la sélection opérée et le temps nécessaire afin de réunir tous les documents requis. Validez d'abord les tests de langue et de connaissances générales. Réorientez votre choix de MBA si nécessaire (en fonction des scores obtenus). Ensuite, préparez consciencieusement votre CV, votre dossier académique ainsi que vos lettres de références. L'entretien sera l'étape finale permettant de prouver votre motivation et de dévoiler votre particularité.

<u>**PETITE ASTUCE**</u>

Certains événements tels que le QS World MBA Tour ou l'Access MBA Tour vous offrent la possibilité de postuler en ligne et de décrocher un premier entretien avec des écoles de commerce renommées. Ne négligez pas cette opportunité. Elle vous permettra d'attirer l'attention des recruteurs en évitant de passer par l'étape sensible du screening (première sélection des candidats sur base de leur CV).

- **Assurez-vous d'avoir un environnement positif prêt à vous soutenir.** On l'oublie souvent, mais l'entourage est un point important de notre réussite. Assurez-vous d'être soutenu par votre famille et/ou votre environnement professionnel pour mettre toutes les chances de votre côté.

# FAQ

## LA FORMATION S'ADRESSE-T-ELLE À TOUT LE MONDE (ÂGE, ORIENTATION, EXPÉRIENCE) ?

Ce diplôme s'adresse en priorité à des cadres expérimentés soucieux de perfectionner leur savoir pratique et théorique. Cependant, l'offre de MBA s'est fortement diversifiée ces dernières années et le public cible est de plus en plus mixte, tant du point de vue de la formation initiale (ingénieurs civils ou de gestion, mais aussi sciences exactes, sciences humaines, etc.) que de l'âge ou de l'expérience requise. De jeunes diplômés, de toute discipline, s'inscrivent aujourd'hui dans divers programmes de MBA.

## LE MBA ME SERA-T-IL RÉELLEMENT UTILE DANS MA CARRIÈRE ?

Le MBA sera plus ou moins utile selon l'adéquation du programme choisi avec l'objectif visé, mais également en fonction de la motivation du candidat à donner un nouveau souffle à sa carrière. Si vous souhaitez évoluer dans le domaine de la finance, un MBA généraliste n'aura sans doute pas autant de poids qu'un MBA spécialisé dans ce secteur. Par ailleurs, à l'obtention du diplôme approprié s'ajoute toute une démarche active permettant d'atteindre le but recherché : prise de contact avec l'entreprise cible et avec ses employés, préparation aux entretiens d'embauche, etc. Si le MBA sélectionné répond à vos objectifs et que vous vous investissez entièrement dans votre projet, alors oui, vous augmenterez considérablement vos chances de vous démarquer auprès de l'employeur.

### LE COIN DES RECRUTEURS

Le MBA est très prisé par les sociétés de conseil et les banques d'affaires. Il apportera une réelle plus-value à votre bagage professionnel (et à votre CV) si ces institutions font partie de vos objectifs de carrière. En effet, le MBA fonde sa méthodologie sur la résolution d'études de cas (ou *business cases*) qui préparent les diplômés aux problématiques abordées par les multinationales et sur lesquelles celles-ci basent leur processus de recrutement.

# LE MBA EST-IL UN DIPLÔME RECONNU AU NIVEAU INTERNATIONAL ?

Le MBA est un diplôme international. Cependant, la reconnaissance de la formation à l'étranger varie sensiblement en fonction de divers critères comme la réputation du programme, la notoriété de l'école, la qualité de ses réseaux. Ainsi, certaines formations sont plus connues que d'autres (ce qui leur confère une plus grande popularité ou visibilité à l'échelon international) et leur appréciation varie également en fonction des entreprises. Il est donc utile de se référer non seulement aux grands classements internationaux, mais également aux préférences plus spécifiques de la société cible afin de s'assurer de la reconnaissance de votre MBA. Nous vous présentons ci-dessous une liste (non exhaustive) des meilleurs établissements dressée à partir des sites *The Financial Times* pour les MBA internationaux, *TopMBA* pour les MBA européens et *Eduniversal* pour les MBA français.

# Classements pour l'année 2015

| Top 10 des MBA internationaux |
|---|
| **1** - Harvard Business School (US) |
| **2** - London Business School (UK) |
| **3** - University of Pennsylvania, Wharton (US) |
| **4** - Stanford Graduate School of Business (US)<br>**4** - INSEAD Business School (France/Singapore) |
| **5** - Colombia Business School (US) |
| **6** - IESE Business School (Spain) |
| **7** - MIT Sloan (US) |
| **8** - University of Chicago : Booth (US) |
| **9** - University of California at Berkeley, Haas (US) |
| **10** - CEIBS (China) |

| **Top 10 des MBA européens** |
| --- |
| **1 -** London Business School (UK) |
| **2 -** INSEAD Business School (France) |
| **3 -** University of Oxford (UK) |
| **4 -** HEC Paris MBA (France) |
| **5 -** SDA Bocconi School of Management (Italy) |
| **6 -** IE University, IE Business School (Spain) |
| **7 -** ESADE Business School (Spain) |
| **8 -** IMD (Switzerland) |
| **9 -** IESE Business School - University of Navarra (Spain) |
| **10 -** University of Cambridge (UK) |

| Top 10 des MBA français |
| --- |
| 1 - INSEAD Business School |
| 2 - HEC Paris |
| 3 - ESSEC Business School |
| 4 - Emlyon Business School |
| 5 - Université Paris Dauphine |
| 6 - ESCP Europe Business School |
| 7 - Grenoble École de Management |
| 8 - EDHEC Business School |
| 9 - Toulouse Business School |
| 10 - Audencia Nantes School of Management |



## PETIT PLUS

Certains sites publient des classements reconnus concernant les différents MBA comme *le Financial Times, Bloomberg Business, US News, The Economist ou The QS World University Ranking*. Gardez toutefois à l'esprit que ces classements ne regroupent pas toutes les formations, mais uniquement les plus demandées.

## À QUELLE PÉRIODE DE MA VIE PROFESSIONNELLE EST-IL PERTINENT DE RÉALISER UN MBA ?

Initialement, le MBA se destine à des seniors (au minimum cinq années d'expérience) possédant un diplôme universitaire. Néanmoins, de plus en plus de cursus sont ouverts à de jeunes diplômés. Selon l'enquête « QS TopMBA.com Applicant Survey 2015 », l'âge moyen des candidats se situe entre 25 et 35 ans. Les motivations varient en fonction du programme sélectionné. Les plus jeunes sont motivés par une promotion ou un accès vers les entreprises les plus prestigieuses. En milieu de carrière, certains professionnels choisissent de se réorienter ou de se spécialiser. Enfin, les candidats aux carrières avancées cherchent généralement à donner un nouvel élan à leur développement professionnel. En bref, il n'existe pas de période idéale, c'est à vous d'évaluer ce que le MBA peut apporter à votre vie professionnelle en fonction de vos objectifs.

# QUEL MBA CHOISIR EN FONCTION DE MON OBJECTIF DE CARRIÈRE ?

L'*Executive* MBA est réservé aux cadres possédant plus de dix années d'expérience et désireux d'avancer dans leur carrière professionnelle, le plus souvent vers des postes à hautes responsabilités. Le MBA spécialisé s'adresse aux professionnels ayant une bonne maîtrise d'un domaine d'activité en particulier et souhaitant approfondir les connaissances acquises dans ce secteur. Le MBA à temps partiel est souvent conseillé dans le cadre d'une réorientation ; il permet de maintenir une activité professionnelle tout en acquérant une formation générale offrant une vision d'ensemble de l'approche managériale. Enfin, le MBA à temps plein attire davantage les jeunes cadres moins expérimentés (de deux à cinq ans d'expérience en moyenne) souhaitant obtenir une promotion ou tenter leur chance dans de grandes entreprises internationales.

## COMMENT PRÉPARER MON ADMISSION ?

La plupart des dossiers d'admission requièrent un score élevé au GMAT (ou à un test similaire) ainsi qu'à un test d'anglais de type TOEFL. Pour s'y préparer, nul besoin de suivre des cours, de nombreux tutoriaux (livres, vidéo) sont disponibles sur Internet. Les organismes accrédités qui délivrent les certificats de réussite de ces épreuves sont sans doute les mieux placés pour vous conseiller. Outre la réussite des tests standards, disposer de plusieurs années d'expérience à un poste à responsabilités est un avantage, voire parfois une nécessité. Veillez à soigner votre CV (en n'oubliant aucun diplôme, aucun poste, ni aucune passion qui pourrait vous mettre en avant) et à obtenir des lettres de recommandation de vos supérieurs.

## COMMENT PUIS-JE FINANCER MA FORMATION ?

Si vos économies vous le permettent, vous pouvez vous-même la financer. Cependant, au vu du prix conséquent du MBA, il vaut mieux se faire aider. Pour cela, plusieurs moyens sont à votre disposition :

- il est possible d'obtenir une bourse en fonction de la qualité de votre dossier, de votre potentiel et souvent, de votre ouverture à l'international ;
- vous pouvez recourir à des prêts bancaires (les grandes écoles négocient généralement des prêts à des taux avantageux pour les candidats sélectionnés) ;
- certains organismes baissent les prix de leur formation comme chez Audencia (France) qui offre des remises de 3 000 euros pour les dossiers validés plusieurs mois avant le début des cours ;
- une autre possibilité est d'en parler directement avec votre supérieur en mettant en avant les avantages de cette formation pour l'entreprise et donc pour lui-même ;
- vous pouvez utiliser les congés payés de formation (ils existent en France et en Belgique). Pour tenter d'en bénéficier, renseignez-vous auprès du service des ressources humaines de votre société.

# À QUEL SALAIRE PUIS-JE PRÉTENDRE APRÈS UN MBA ?

Derrière la question du salaire se cache celle de la rentabilité financière du MBA : les sommes investies seront-elles rapidement remboursées ? Le salaire post-MBA dépend en grande partie de la réputation du cursus (accréditation, renommée, infrastructures). La majorité des établissements assurent une progression salariale non négligeable à l'issue de la formation. En France comme en Belgique, elle est de l'ordre de 20 à 30 %, souligne l'enquête du *QS TopMBA. com Applicant Survey 2015*. Celle-ci rappelle également que si un jeune diplômé francophone gagne en moyenne 61 000 euros bruts par an, le montant s'élève à 76 000 euros pour un employé américain. La différence s'explique par la prise en considération des charges patronales et des assurances sociales. Une augmentation de 10 à 25 % de plus est souvent observée durant les trois années qui suivent l'obtention du MBA. En définitive, l'investissement moyen pour un MBA est de l'ordre de 93 000 euros, mais le gain salarial est de l'ordre de 30 %. Le retour sur investissement reste donc appréciable.

# À VOUS DE JOUER !

En répondant à ces cinq questions, découvrez en quelques minutes seulement le type de MBA qui vous convient le mieux.

- Vous obtenez une majorité de A, votre meilleur choix : le MBA full-time
- Vous obtenez une majorité de B, votre meilleur choix : le MBA part-time ou spécialisé
- Vous obtenez une majorité de C, votre meilleur choix : l'Executive MBA

Quel est votre objectif ?
A. Obtenir une promotion
B. Me réorienter ou me spécialiser
C. Évoluer vers des postes à hautes responsabilités et approfondir mes connaissances

Quelle est votre expérience professionnelle ?
A. < 5 ans
B. < 10 ans
C. > 10 ans

Quel MBA choisir ?

Quel montant êtes-vous disposé à investir dans votre formation ?
A. < 50 000 euros/an
B. > 50 000 euros/an
C. > 100 000 euros/an

Quel est votre degré de mobilité ?
A. Local
B. Régional
C. International

Combien de temps êtes-vous prêt à consacrer à votre formation ?
A. Temps plein
B. Temps partiel
C. Modules (plusieurs modules de formation dans l'année)

*Votre avis nous intéresse !*
*Laissez un commentaire sur le site de votre*
*librairie en ligne et partagez vos coups de cœur sur*
*les réseaux sociaux !*

# POUR ALLER PLUS LOIN

## SOURCES BIBLIOGRAPHIQUES


- « Affirmer la vocation internationale du MBA », in *Le magazine de la Solvay Brussels School of Economics and Management,* Bruxelles, 1er trimestre 2013, no 53 (p. 6-8). http://www.solvay.edu/sites/upload/magazines/from-solvay-magazine_53_mar-2013.pdf

- BADENHAUSEN (Kurt), « The Best International MBA Programs », in *Forbes Business Magazine*, octobre 2013, consulté le 18 novembre 2015. http://www.forbes.com/sites/kurtbadenhausen/2013/10/09/the-best-international-mba-programs/

- AACSB, « Business School Data Trends », in *AACSB*.edu, 2013, consulté le 18 novembre 2015. http://www.aacsb.edu/~/media/AACSB/Publications/data-trends-booklet/2013-data-trends.ashx

- « Business Schools Ranking in France », in *Eduniversal*, consulté le 20 décembre 2015. http://www.eduniversal-ranking.com/business-school-university-ranking-in-france.html

- DONAS (Coralie), « Des idées pour financer son MBA », in *Le Monde*, avril 2015, consulté le 16 décembre 2015.
http://www.lemonde.fr/campus/article/2015/03/18/des-idees-pour-financer-son-mba_4595762_4401467.html

- « European Credit Transfer and Accumulation System (ECTS) », in *European Commission*, consulté le 8 décembre 2015.
http://ec.europa.eu/education/ects/ects_en.htm

- GEELKENS (Mélanie), « Bien choisir son MBA pour booster sa carrière », in *Références*, juillet 2015, consulté le 7 décembre 2015.
http://www.references.be/carriere/evoluer/formations/Bien-choisir-son-MBA-pour-booster-sa-carriere

- « Global MBA Ranking 2015 », in *The Financial Times*, consulté le 17 novembre 2015.
http://rankings.ft.com/businessschoolrankings/global-mba-ranking-2015

- GINIBRIÈRE (Gaëlle), « Un MBA est un atout pour l'international », in *Le Figaro*, avril 2015, consulté le 3 décembre 2015.
http://www.lefigaro.fr/formation/2015/04/03/09006-20150403ARTFIG00008-un-mba-est-un-atout-pour-l-international.php

- « Isabelle Langlois Loris. Chasseuse de tête, chasseuse de temps », in *Le magazine de la Solvay Brussels School of Economics and Management*, Bruxelles, 2e trimestre 2012, no 50 (p. 24-26). http://www.solvay.edu/sites/upload/magazines/from-solvay-magazine_50_may-2012.pdf

- LAVELLE (Louis) et KAHN (Daniel), « QS Global 200 Business Schools Report 2014-2015 », in *QS TopMBA*, consulté le 8 décembre 2015.

- http://www.seidor.es/content/dam/seidor/Partners/Universidades-escuelas/Global-200-business-schools-rankings-2014-15.pdf

- « Le guide du MBA », in *Ooreka*, 2014, consulté le 19 novembre 2015. http://mba.comprendrechoisir.com/ebibliotheque/voir/281431/le-guide-du-mba

- LE HIREZ (Carole), « 12 questions à se poser avant de faire le saut », in *Les Affaires*, janvier 2010, consulté le 18 novembre 2015. http://www.lesaffaires.com/strategie-d-entreprise/management/12-questions-a-se-poser-avant-de-faire-le-saut/508748

- « Le MBA, un ascenseur professionnel », in *StudyramaPro*, consulté le 7 décembre 2015. http://www.studyrama.com/pro/formation/le-mba-un-ascenseur-professionnel-20421.html

- LEWANDOWSKI (Jean-Claude), « Le marché des MBA ne faiblit pas », in *Le Monde*, avril 2015, consulté le 15 novembre 2015.
http://www.lemonde.fr/campus/
article/2015/03/17/le-marche-des-mba-ne-faiblit-pas_4595463_4401467.html

- « MBA (Management Business Administration) Institute », in *Management Savoir*, novembre 2011, consulté le 15 novembre 2015.
http://management.savoir.fr/mba-manage-ment-business-administration-institute

- PRECEPTA, « Le marché des MBA. Le défi de la différenciation et de l'innovation dans un marché globalisé » in *Xerfi*, avril 2014, consulté le 21 novembre 2015.
http://www.xerfi.com/presentationetude/
Le-marche-des-MBA_4SME34

- « QS Distance Online MBA Rankings 2015 », in *TopMBA*, consulté le 19 décembre 2015.

- http://www.topmba.com/mba-rankings/
online-mba-rankings/2015

- « QS Return on Invesment Report Europe Full-Time MBA 2015: Unlocking the Value of Europe's top business schools », in *QS TopMBA*, consulté le 8 décembre 2015.
http://www.esic.edu/pdf/qs_roi_report_2015.pdf

- « QS Return on Investment Report North American Full-Time MBA 2015 », in *QS TopMBA*,

consulté le 8 décembre 2015.
http://www.esic.edu/pdf/qs_roi_report_2015.pdf

- « QS TopMBA.com Applicant Survey 2015 », in *TopMBA*, consulté le 21 novembre 2015.
http://www.topmba.com/why-mba/publications/applicant-survey-2015

- RIVOAL (Yves), « MBA, quelle image auprès des recruteurs », in *Studyrama*, consulté le 6 décembre 2015.
http://www.studyrama.com/pro/formation/mba/mba-quelle-image-aupres-des-recruteurs-18702.html

- « Top 10 Business School GMAT Scores » (June 13th 2014), in *The Economist*, juin 2014, consulté le 18 novembre 2015.
https://gmat.economist.com/blog/gmat-tutor-updates/top-10-business-school-gmat-scores-0.

## SOURCES COMPLÉMENTAIRES

## Tests de langue

- TOEFL et TOEIC
http://www.etsglobal.org/Fr/Fre

- IELTS
http://www.ielts.org/

# Tests de connaissances générales

- GMAT
  http://www.gmac.com/language-pages/french.aspx

- GRE
  http://www.ets.org/gre

- TAGE MAGE
  http://www.tagemage.fr


# Généralités

- Portail de AccessMBA.
  http://www.accessmba.com/

- Portail de l'INSEAD.
  http://mba.insead.edu/home/

- Portail du QS TopMBA.
  http://www.topmba.com/

- Portail d'information générale sur les MBA.
  http://www.mba-center.net

L'éditeur veille à la fiabilité des informations publiées, lesquelles ne pourraient toutefois engager sa responsabilité.

**© 50MINUTES, 2016. Tous droits réservés.**
**Pas de reproduction sans autorisation préalable.**
**50MINUTES est une marque déposée.**

www.50minutes.fr

ISBN ebook : 978-2-8062-6538-8
ISBN papier : 978-2-8062-6539-5
Dépôt légal : D/2016/12603/88
Photo de couverture : © denisismagilov – Fotolia.com

Conception numérique : Primento,
le partenaire numérique des éditeurs